Copyright © 2020 Brain Trainer All rights reserved.

No part of this publication may be reproduced, distributed or transmitted in any form or by any means, including photocopying, recording, or other electronic or mechanical methods, without the prior written permission of the publisher, except in the case of brief quotations embodied in critical reviews and certain other non-commercial uses permitted by copyright law.

Trademarked names appear throughout this book. Rather than use a trademark symbol with every occurrence of a trademarked name, names are used in an editorial fashion, with no intention of infringement of the respective owner's trademark. The information in this book is distributed on an "as is" basis, without warranty. Although every precaution has been taken in the preparation of this work, neither the author nor the publisher shall have any liability to any person or entity with respect to any loss or damage caused or alleged to be caused directly or indirectly by the information contained in this book.

Puzzle 1

Medium

🍉 + 🍉 = 15

🍉 − 🍍🍍 = 0

🍍 × 🍋 = 30

🍉 + 🍋 = ___

Puzzle 2

Medium

🍈 + 🍈 = 4

🍈 − 🍊 = −3

🍊 × 🍓 = 15

🍈 − 🍓 = ___

Puzzle 3

Medium

🍓 + 🍓 = **20**

🍓 − 🍌 = **1**

🍌 + 🥝 = **17**

🍓 + 🥝 = ___

Puzzle 4

Medium

🟢 + 🟢 = **15**

🟢 × 🍉 = **40**

🍉 − 🥝 = **1**

🟢 × 🥝 = ___

Puzzle 5

Medium

 +  = 4

 -  = -6

 +  = 9

 -  = ___

Puzzle 6

Medium

 +  = 10

 x  = 40

 x  = 64

 +  = ___

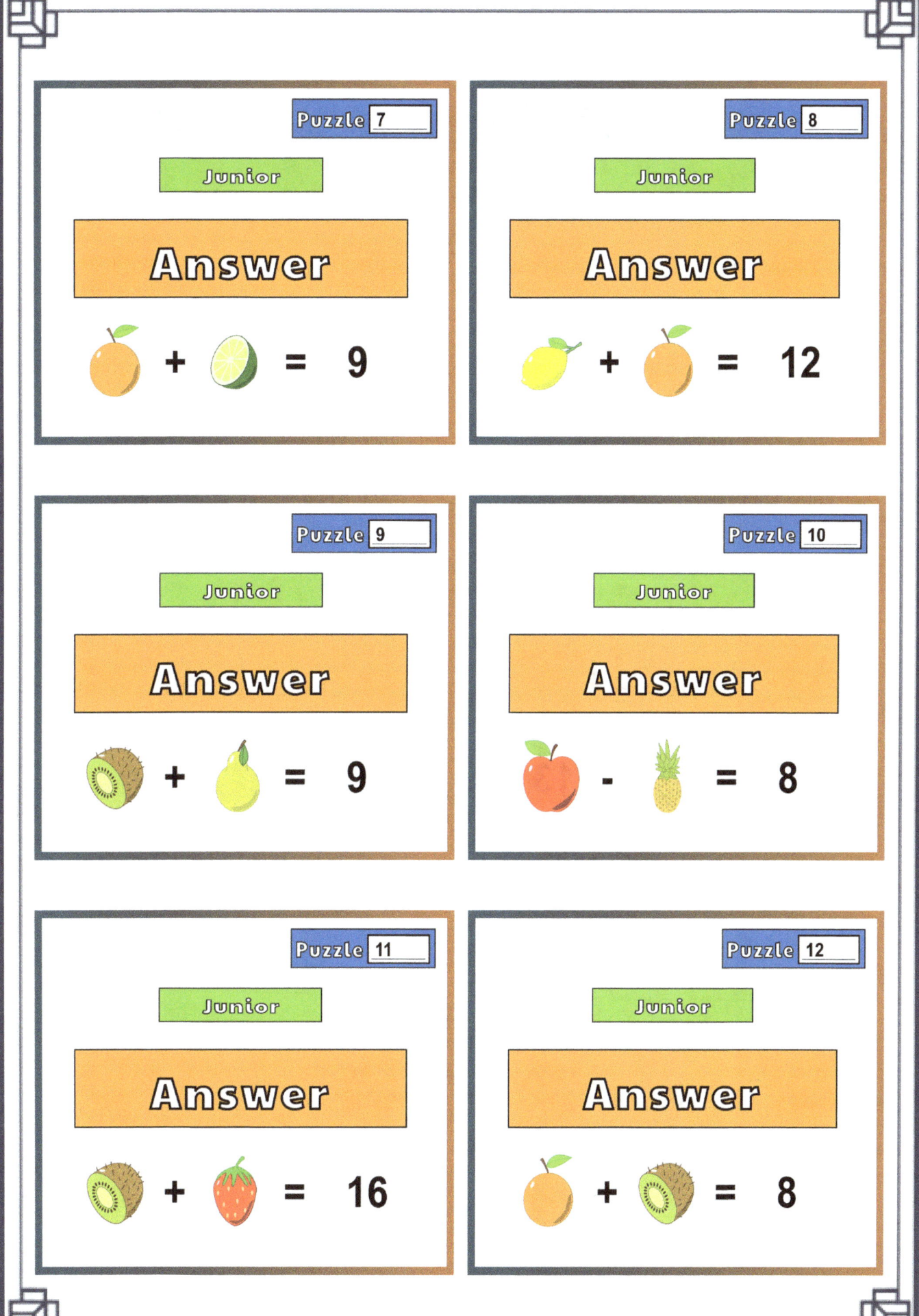

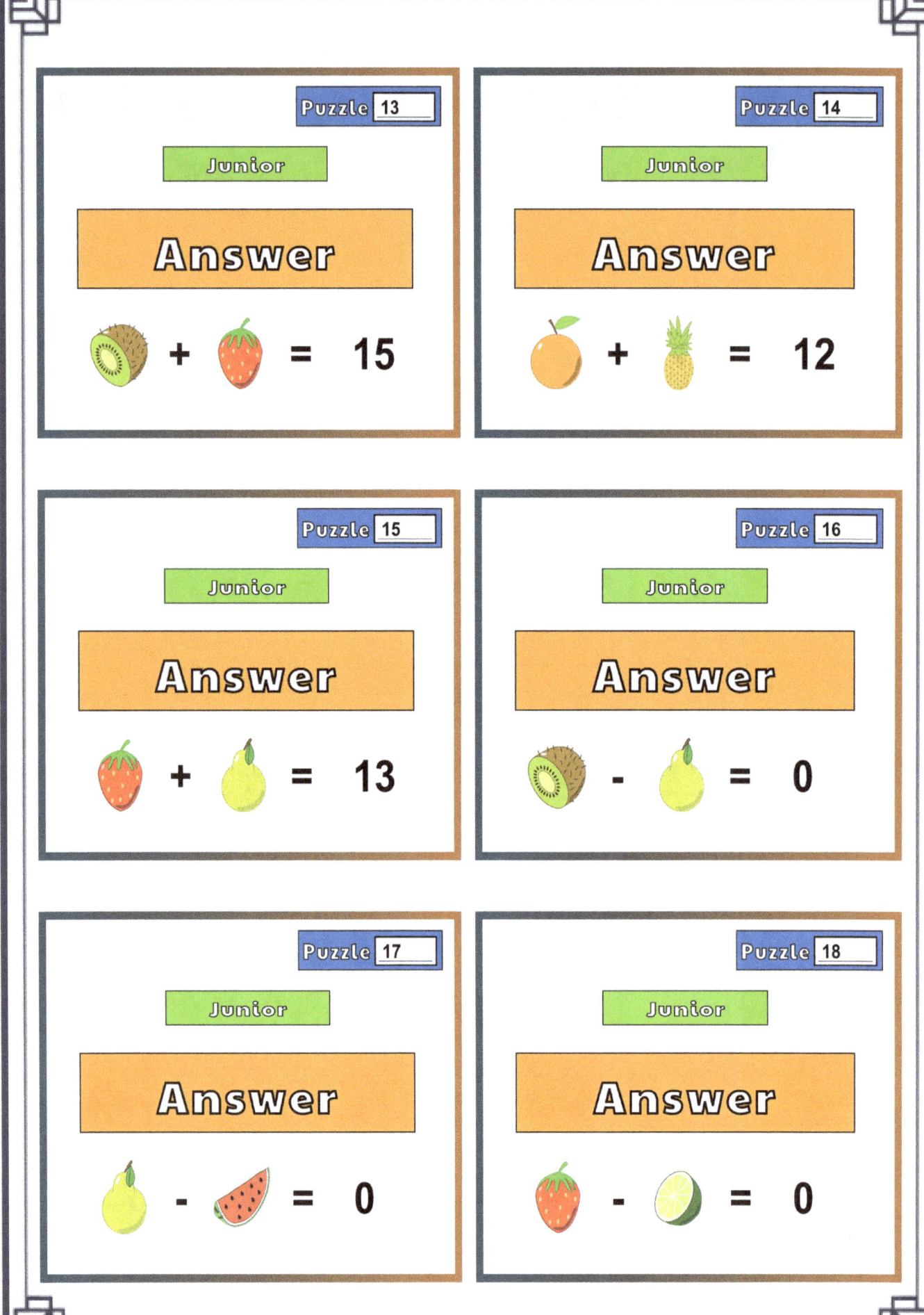

Puzzle 15

Medium

🍋 + 🍋 = 10

🍋 - 🥝 = -4

🥝 × 🍓 = 36

🍋 + 🍓 = ___

Puzzle 16

Medium

🍐 + 🍐 = 6

🍐 + 🍉 = 6

🍉 × 🍊 = 12

🍐 - 🍊 = ___

Puzzle 17

Medium

🍉 + 🍉 = 27

🍉 × 🍐 = 54

🍐 - 🍎 = 5

🍉 - 🍎🍎 = ___

Puzzle 18

Medium

🍊 + 🍊 = 14

🍊🍊 + 🍉 = 17

🍉 + 🍐 = 5

🍊 + 🍐 = ___

Puzzle 19

Medium

🍋 + 🍋 = 14

🍋 + 🍎 = 21

🍎 + 🍊 = 21

🍋 × 🍊 = ___

Puzzle 20

Medium

🍈 + 🍈 = 10

🍈 × 🍊 = 50

🍊 − 🍓 = 9

🍈 × 🍓 = ___

Puzzle 21

Medium

🍓 + 🍓 = 2

🍓 × 🍐🍐 = 12

🍐 + 🍌 = 15

🍓 × 🍌 = ___

Puzzle 22

Medium

🍊🍊 + 🍊 = 6

🍊🍊 + 🍋 = 7

🍋 − 🟢 = 1

🍊 × 🟢 = ___

Puzzle 23

Medium

🍍🍍 + 🍍 = 21

🍍 × 🍌 = 56

🍌 − 🍓 = 1

🍍 + 🍓🍓 = __21__

Puzzle 24

Medium

🍊 + 🍊 = 10

🍊 × 🍌 = 35

🍌 × 🍓 = 63

🍊 + 🍓 = __14__

Puzzle 25

Medium

🍎 + 🍎 = 16

🍎 + 🍍🍍 = 26

🍍 − 🍐 = 6

🍎 − 🍐 = ___

Puzzle 26

Medium

🥝 + 🥝 = 20

🥝 × 🍌 = 80

🍌 − 🍉 = 3

🥝 × 🍉 = ___

Puzzle 27

Medium

🍌 + 🍌 = 20

🍌 + 🍍 = 20

🍍🍍 + 🍋‍🟩 = 25

🍌 - 🍋‍🟩 = ___

Puzzle 28

Medium

🍎🍎 + 🍎 = 27

🍎 + 🍋 = 15

🍋 × 🍋‍🟩 = 12

🍎 × 🍋‍🟩🍋‍🟩 = ___

Puzzle 29

Medium

lime + lime = 15

lime × banana = 15

banana − pear = 2

lime − pear = ___

Puzzle 30

Medium

banana + banana = 8

banana − kiwi = −3

kiwi × watermelon = 42

banana − watermelon = ___

Puzzle 31

Medium

🥝 + 🥝🥝 = 30

🥝 + 🍓 = 19

🍓 × 🍊 = 45

🥝 × 🍊🍊 = ___

Puzzle 32

Medium

🍎🍎 + 🍎 = 9

🍎 × 🍊 = 21

🍊 − 🍌 = 3

🍎 + 🍌 = ___

Puzzle 33

Medium

🍎 + 🍎 = 12

🍎 − 🍌 = -4

🍌 + 🥝 = 20

🍎🍎 × 🥝 = ___

Puzzle 34

Medium

🍓 + 🍓🍓 = 6

🍓 × 🍉 = 32

🍉 − 🍊 = 1

🍓 × 🍊 = ___

Puzzle 35

Medium

🍊 + 🍊 = 18
🍊 + 🥝 = 12
🥝 × 🍌 = 60
🍊 × 🍌 = ___

Puzzle 36

Medium

🍐 + 🍐 = 8
🍐 + 🍍 = 7
🍍 × 🍋 = 60
🍐 − 🍋 = ___

Puzzle 37

Medium

🍌 + 🍌 = 18

🍌 − 🍎 = 0

🍎 × 🍊 = 18

🍌 + 🍊🍊 = ___

Puzzle 38

Medium

🍐 + 🍐 = 14

🍐 − 🍍🍍 = −9

🍍 + 🍎 = 12

🍐🍐 × 🍎 = ___

Puzzle 39

Medium

🍌 + 🍌 = 10

🍌 − 🍉 = −1

🍉 − 🍓🍓 = −8

🍌 − 🍓 = ___

Puzzle 40

Medium

🍋 + 🍋 = 14

🍋 × 🍌 = 35

🍌 − 🥝 = −9

🍋 + 🥝 = ___

Puzzle 41

Medium

 +  = 10

 −  = 2

 +  = 22

 −  = ___

Puzzle 42

Medium

 +  = 12

 ×  = 20

 ×  = 50

 +  = ___

Puzzle 43

Medium

🍋 + 🍋 = 16

🍋 + 🍎🍎 = 26

🍎 + 🍉 = 18

🍋 + 🍉 = ___

Puzzle 44

Medium

🍋 + 🍋 = 18

🍋 × 🍐 = 45

🍐 + 🍌 = 9

🍋 − 🍌 = ___

Puzzle 45

Medium

🍎 + 🍎🍎 = 3

🍎 + 🍉 = 3

🍉 + 🍋 = 6

🍎 + 🍋🍋 = **9**

Puzzle 46

Medium

🍓 + 🍓🍓 = 21

🍓 × 🍋 = 28

🍋🍋 − 🍋 = 4

🍓🍓 − 🍋 = **10**

Puzzle 47

Medium

🍋 + 🍋 = 2
🍋 × 🍍🍍 = 16
🍍 - 🍌 = 7
🍋 + 🍌 = __

Puzzle 48

Medium

🍍 + 🍍 = 14
🍍🍍 - 🍎🍎 = -6
🍎 - 🍋 = 0
🍍 + 🍋 = __

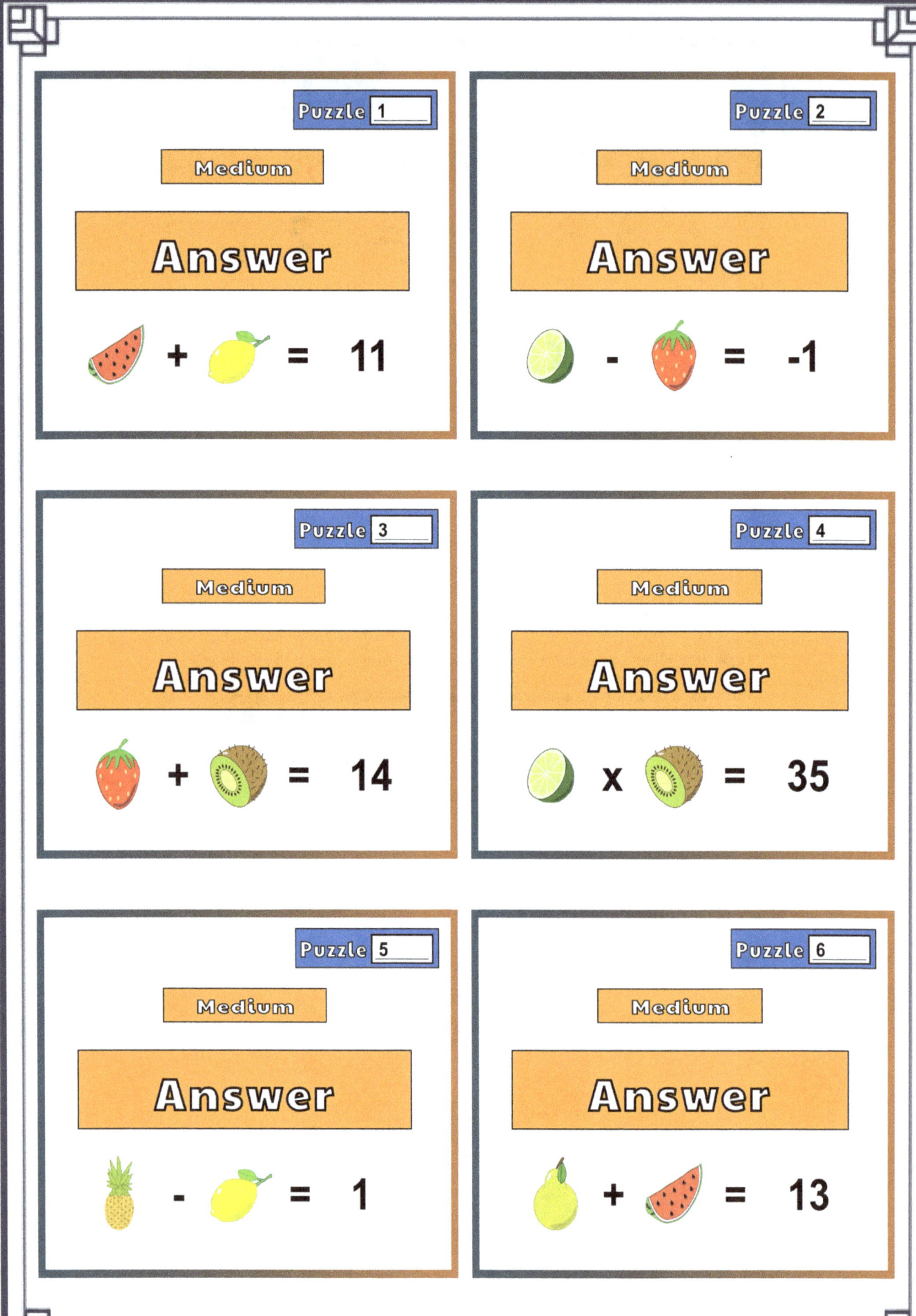

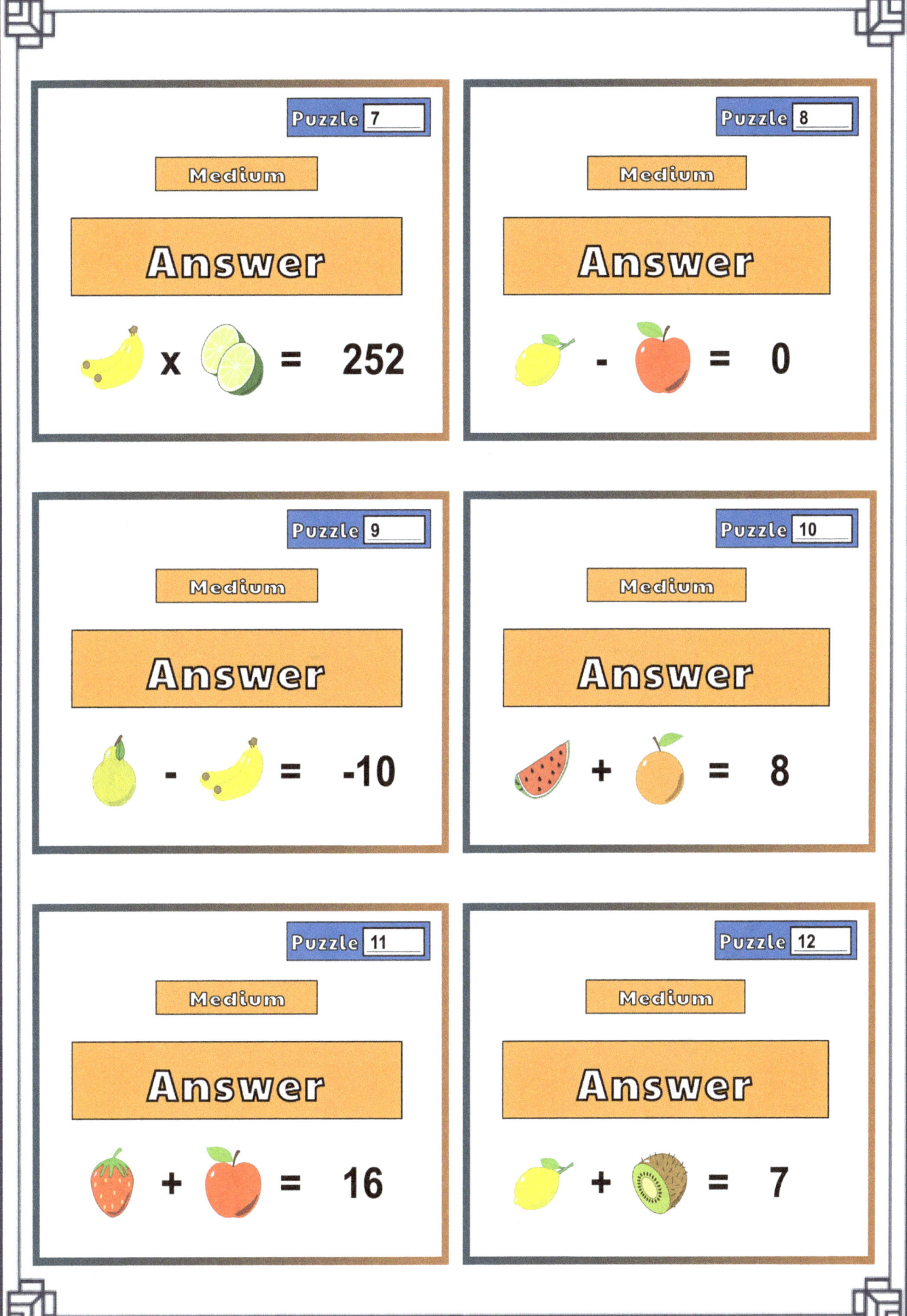

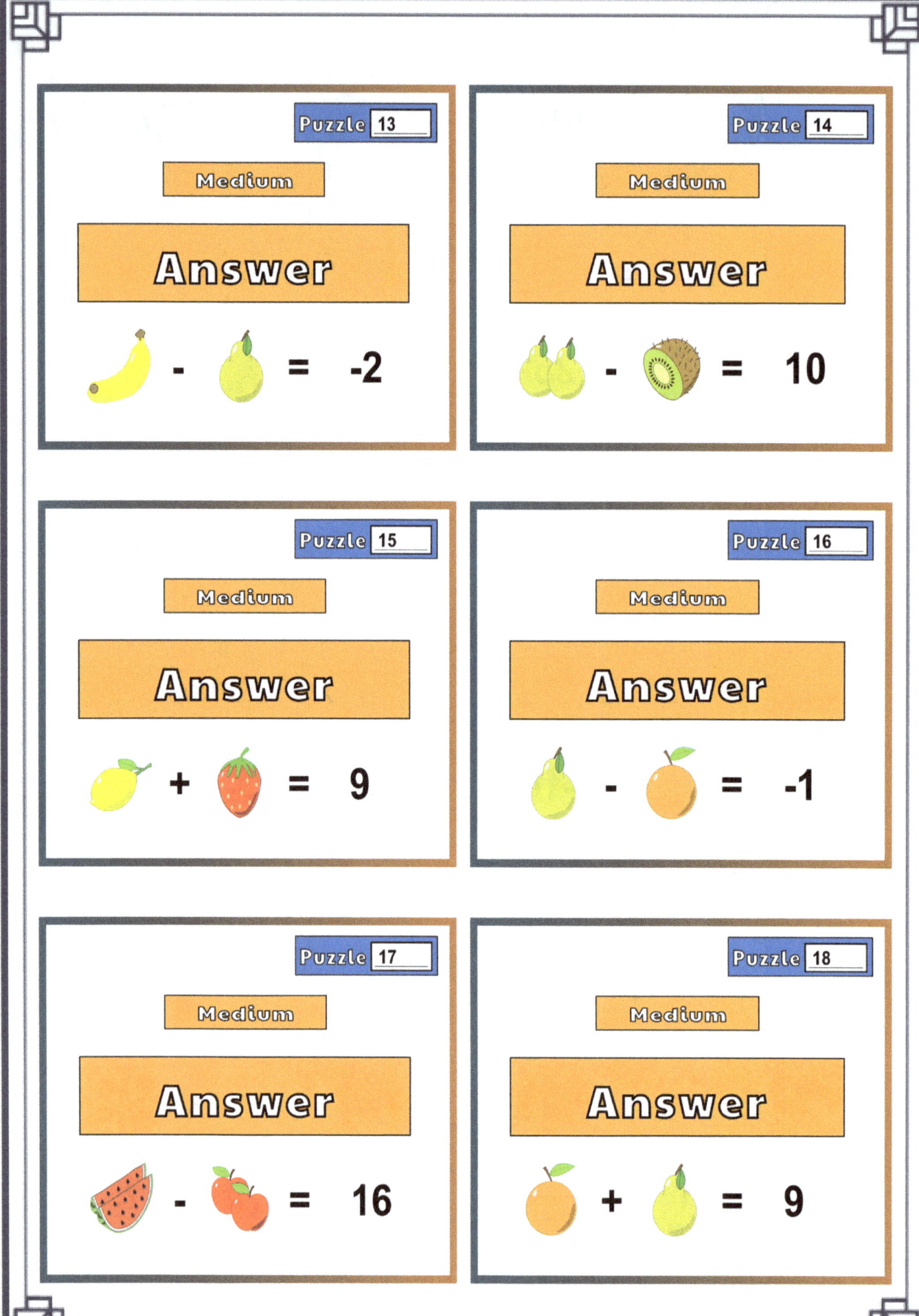

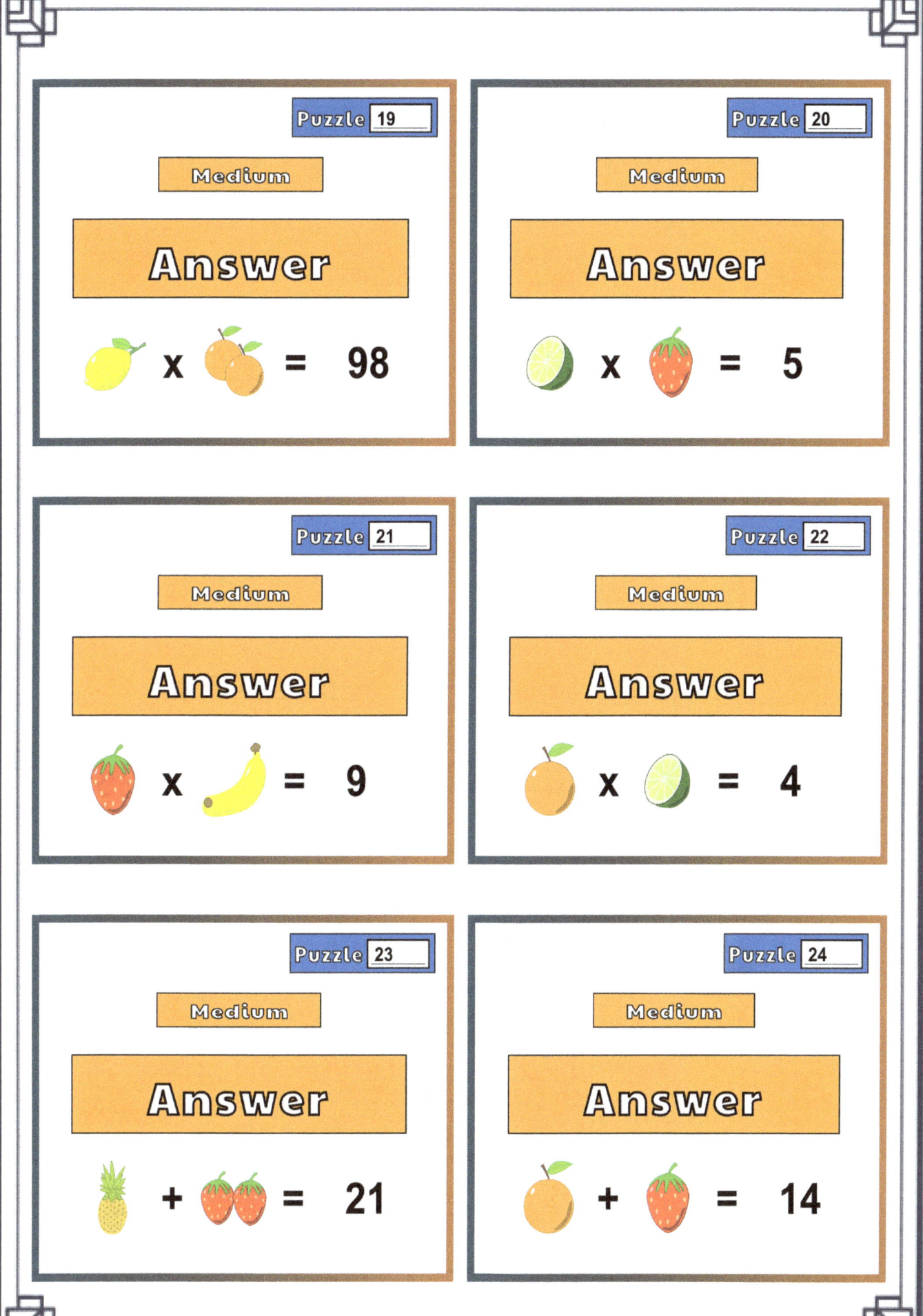

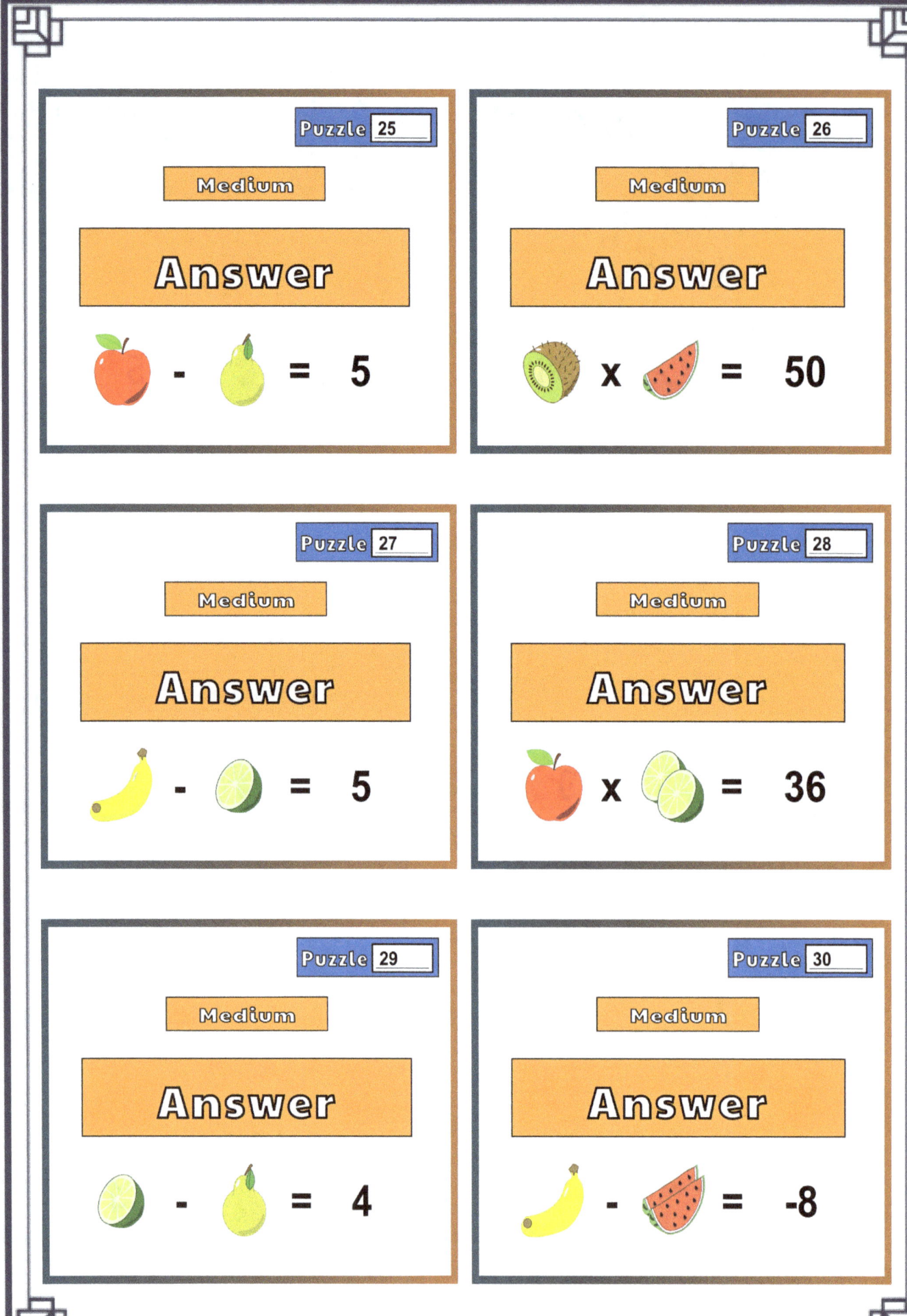

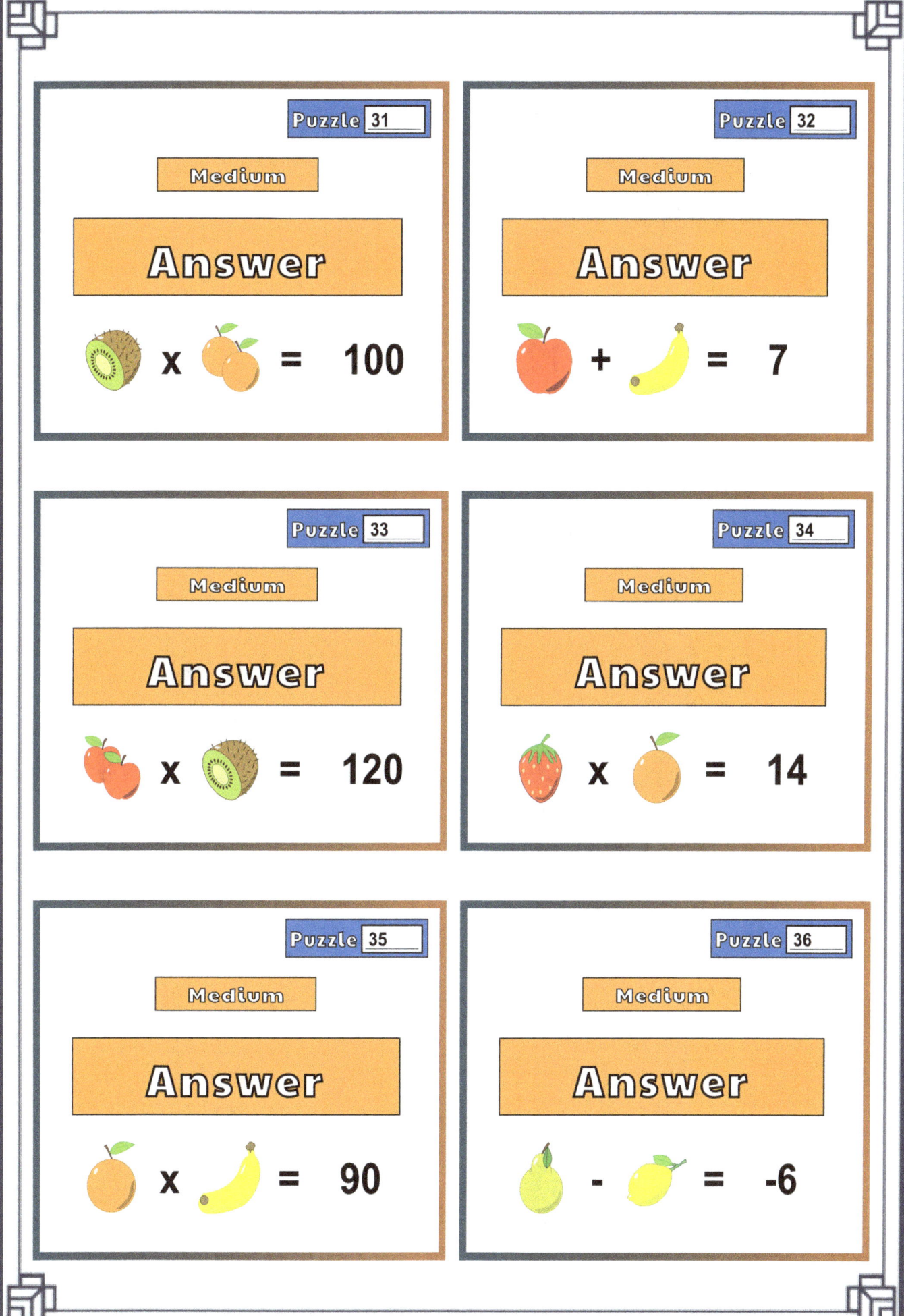

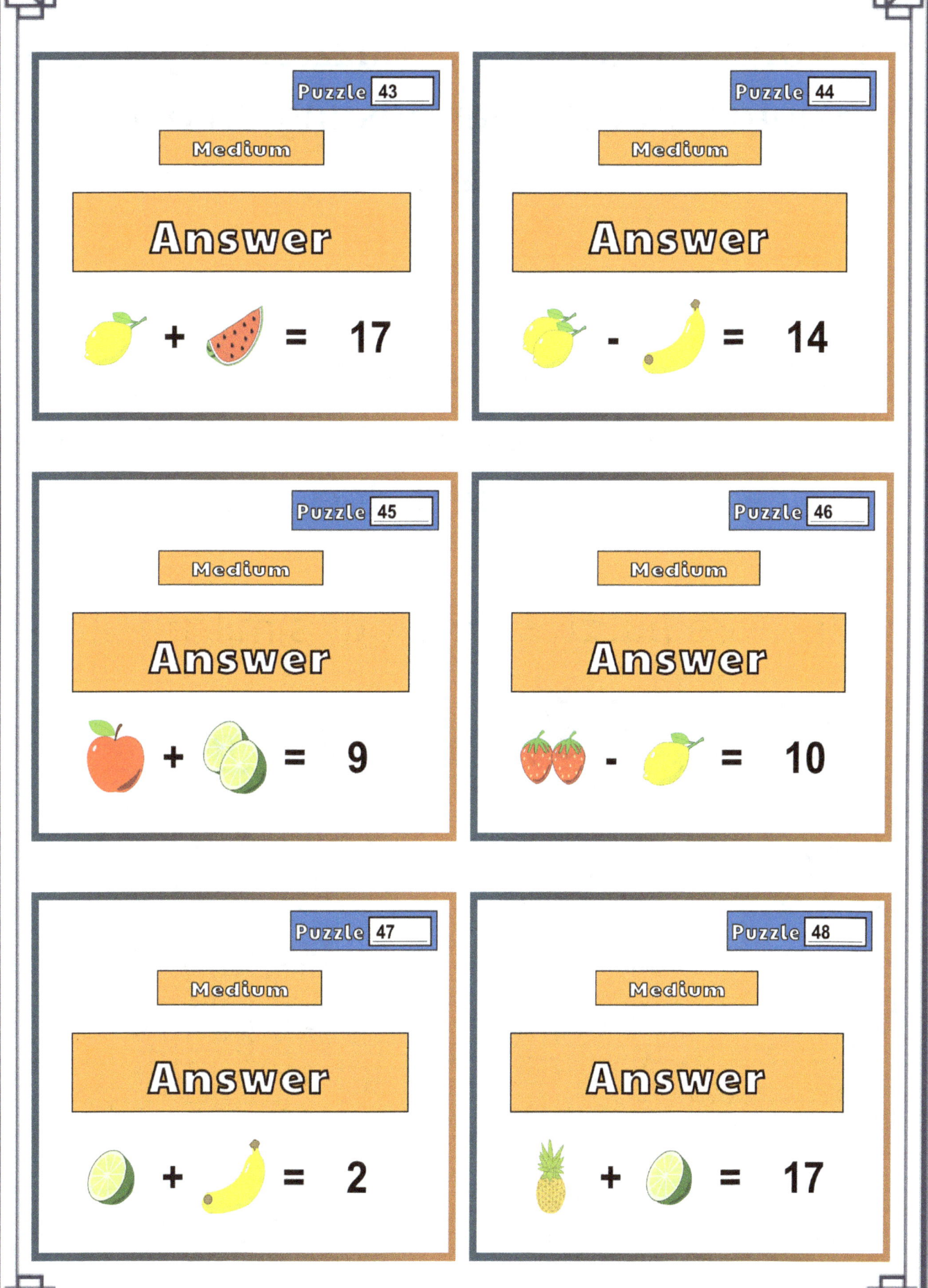

We hope you loved the puzzles. If you did, would you consider posting an online review?

★★★★★

This helps us to continue providing great products, and helps potential buyers to make confident decisions.

For more puzzles, find our similar titles

 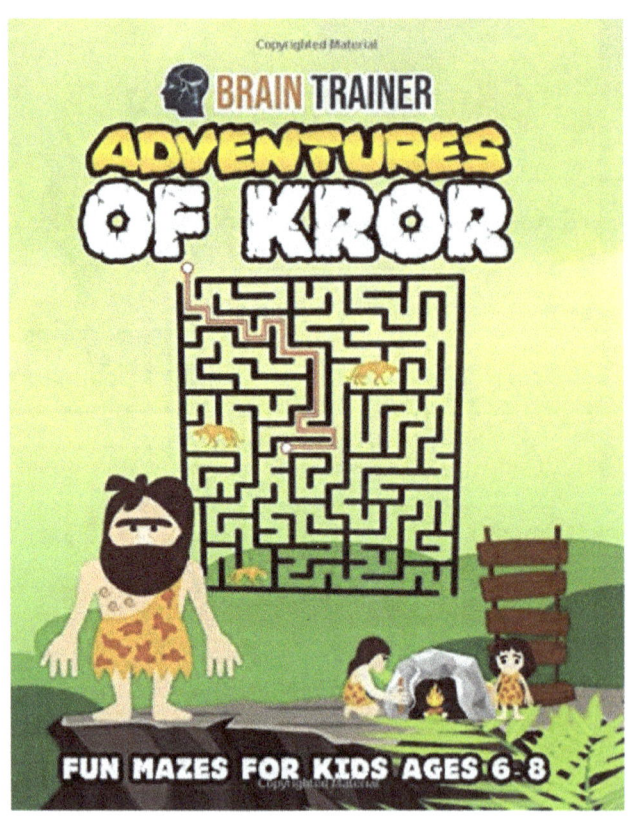